N. N.

Collection « encre marine »
ISBN : 978-2-35088-019-8

Violette Maurice

N. N.

Nacht und Nebel

Nuit et Brouillard

Préface de Marcel Conche

encre marine

L'édition originale de N. N.
est parue en 1946.

Nous rééditons aujourd'hui ce texte
avec quelques modifications.
Marcel Conche
a bien voulu le préfacer.

Aux hommes et femmes de ferveur
qui, durant cinq années de servitude,
tâtonnèrent vers la Liberté
et ne voulurent désespérer.

Marcel Conche

MA RÉACTION, à lire aujourd'hui ce texte de Violette Maurice, est autre que celle qui fut la mienne lorsque je le lus pour la première fois.

C'était il y a plus de trente ans. J'avais lu, dans Les Frères Karamazov, *les terribles récits du supplice des enfants martyrisés, et, songeant à ce petit garçon cloué au mur et crucifié après qu'on lui eut coupé les doigts de la main, à cet autre qui, en jouant, avait blessé à la patte le chien favori d'un général propriétaire terrien, lequel l'avait fait déchirer par les chiens de sa meute, et à d'autres faits semblables que Dostoïevski, surtout dans le chapitre « La révolte », avait accumulés, songeant, dis-je, à tout cela, je m'étais dit que les souffrances de Job n'étaient pas les pires que l'on pût concevoir, que la souffrance des enfants était le pire mal, le mal absolu. Mais qu'avais-je besoin de recourir aux exemples que Dostoïevski tirait des pages de faits divers des journaux russes ? L'horreur, me disais-je, était encore tout près de nous, l'horreur absolue : que des enfants aient connu le camp de concentration – certains mêmes n'ayant pas connu autre chose – et la faim, la privation d'affection, le désespoir, en attendant la mort. Aussi, dans* N.N.*, était-ce le chapitre « Au pays des enfants sages » qui m'avait frappé surtout, où, imaginant ces enfants « silencieux, précocement soucieux », ces « enfants vieux » (quelle négation, dans l'enfance, de l'enfance même, et, en somme, quel scandale !), j'avais pris la mesure d'une tristesse infinie.*

Aujourd'hui, certes, je ne renie rien de mes pensées d'alors, et je n'oublie pas le petit André qui, à six ans, « en paraît à peine trois ». Mais je suis sensible, plus que je ne l'étais, à la façon dont des femmes courageuses, et parfois héroïques, ont su vivre et résister dans l'univers d'une horreur programmée. Elles ont connu l'épuisement extrême, la faim inlassable, touché le fond de la détresse, et pourtant elles sont restées humaines et dignes, au sein de l'inhumain. Car elles ont la pitié, l'indignation, l'affection et les sentiments de solidarité humaine que les bourreaux n'ont pas. L'auteur parle du « devoir de ne léser personne », de « serment », et souvent d'« amitié ». De l'énergie de ces femmes, quel est le secret ? C'étaient des déportées politiques. Le fond de leur être était la fidélité à un certain idéal de vie. Leur foi en l'homme a maintenu en elles l'orgueil élémentaire et légitime du héros, qui, en dépit de tout, refuse l'indignité, refuse l'abaissement.

Ce livre est une bonne lecture pour les jeunes gens de France, qui ne savent pas ce que sont les affres de la faim, et ont connu les joies de l'enfance et de l'adolescence en un pays paisible. « Du fond de l'injustice, je réclame justice », s'écrie Électre dans Les Choéphores *d'Eschyle. Il faut que ces jeunes gens voient à plein l'injuste et l'inhumain pour sentir le prix du juste et de l'humain. Il faut qu'ils sachent, et gardent conscience que le monde qui est le leur aujourd'hui, même si, par bien des côtés, il a de quoi les décevoir, est le résultat de la lutte que leurs aînés ont menée, dans l'abnégation et le sacrifice, contre une entreprise inouïe de dégradation de l'homme. Ils doivent comprendre que l'homme – digne de ce nom – ne saurait se contenter de vivre dans le présent, et que seule une conscience historique peut être le fondement de l'esprit de responsabilité qui doit être le leur. Qu'est-ce qu'être responsable ? C'est, aujourd'hui, dans ses paroles et ses actes, répéter le refus qui animait ces femmes déportées, afin que l'entreprise d'inhumanité ne refasse pas surface – le répéter, mais en regardant vers l'avenir ; et ainsi être responsable, c'est être comme un « pont » entre le passé et l'avenir ; c'est vouloir un avenir qui soit l'avenir du passé, c'est-à-dire où le passé trouve son sens.*

Si les déportés ont connu tant de souffrances, ce ne fut pas en vain. Quelque chose a changé. Au cours de l'histoire humaine, les atrocités ont été innombrables. Qu'il suffise de songer à celles qu'à l'époque des guerres de religion et de la conquête de l'Amérique, des procès de sorcellerie et de la torture judiciaire, Montaigne, le plus moderne des philosophes, dénonçait courageusement, seul en son siècle. Ce qui a changé, ce qu'il y a de nouveau, c'est qu'aujourd'hui, l'humanité a dit : « Assez ! » Durant la dernière guerre a été atteinte une sorte de sommet de l'horreur. Les forces conjuguées de nombreux peuples ont eu raison du méchant Léviathan. La leçon a été terrible mais non inutile, car, désormais, une concertation semble exister entre les nations pour assurer une certaine réalité aux notions d'humanité (de respect des « droits de l'homme ») et de paix. Je ne nie pas les bavures, le poids des intérêts, l'outrecuidance des puissants. Néanmoins, je crois que Montaigne, s'il vivait aujourd'hui, reconnaîtrait un progrès, non peut-être que les hommes soient devenus meilleurs, mais leurs propres institutions les forcent à être moins mauvais.

Progrès donc. J'entends : progrès du raisonnable. Quant au rationnel, nous avançons, on le sait, très vite : les engins de toute sorte montrent de quoi nous sommes capables ; mais les nazis, déjà, quant aux progrès techniques, n'étaient pas en reste. Seulement, science et technique sont la moindre des choses, car, servant aussi aisément le mal que le bien, elles ignorent la différence. La raison scientifique et technique n'est que la raison subalterne. La raison maîtresse est, de droit, la raison morale. Les valeurs que les héroïnes de ce livre ont maintenues et sauvées ne sont pas des valeurs simplement nationales, locales, mais universelles, car l'homme est partout égal à l'homme en droits, en dignité ; et leur foi patriotique, leur foi en la France, était, par là même, une foi en ces valeurs universelles.

Ainsi, relisant, dis-je, N.N. *après plus de trente ans, j'éprouve, devant ces femmes qui trouvaient moyen, au sein de l'atroce, de garder toutes les qualités de la femme, y compris l'« exubérance à vivre », une impression de reconnaissance et de réconfort. Mais, lorsque je songe aux enfants, c'est tout autre chose : je reviens à ma pensée première – première et définitive. Si, au niveau de l'histoire et de la politique, un certain espoir se lève, métaphysiquement, l'absurdité demeure.*

Violette Maurice

N. N.

CETTE BROCHURE n'a pas de prétentions. Je vous l'offre, mes camarades, simplement en geste d'amitié ; à vous, ceux que j'ai connus dans la Résistance aux jours d'oppression, à vous, celles que j'ai côtoyées et aimées dans les camps de concentration de femmes.

Voici venu le moment où a été brisée la chaîne des barbelés qui enserrait le monde de la pensée humaine ; voici venu le moment auquel nous avions cessé de croire pour y avoir trop cru, moment où nous nous sommes tout à coup regardées les unes les autres, avec un peu de ciel dans nos yeux ternes, en disant : « Est-ce vraiment possible ?... » Après les premières défaillances en voyant, pour la première fois après deux ans d'exil, respirer les toits de France et vibrer l'air d'or palpable, la vie qui voulait nous rejeter nous a repris, les bras grands ouverts. Et nous qui avions pendant des mois couché sur les mêmes grabats pouilleux et souffert de la même faim exclusive et envahissante, nous nourrissant de pommes de terre crues et d'herbe ramassées en cachette, nous qui avions connu les mêmes maux dans nos chairs exténuées et nos âmes malades, nous nous sommes séparées tout naturellement, à un arrêt de gare en France...

Déjà tu m'écris en me reprochant d'oublier. Crois-tu que l'on oublie si facilement après être passé par là ? Crois-tu que je puisse oublier les yeux bleus de Denise morte du « choléra du camp » à Mauthausen, et le visage basané d'Hélène aux nattes blondes qui n'est pas revenue ? Crois-tu que je ne revois pas quelquefois le sourire espiègle de la petite parachutiste qui a été pendue ?

La vie peut nous serrer à présent contre son cœur ; nous sommes, vois-tu, quoiqu'il arrive, les femmes des camps de concentration mûries trop tôt au spectacle de la déchéance humaine, dans le renversement des valeurs spirituelles ; nos souvenirs sont maîtres de nous et nous n'y pouvons rien.

Et c'est pour cela, mes camarades, vous qui êtes si proches de moi encore et à jamais, que j'ai écrit cette brochure et que je vous l'offre simplement en geste d'amitié.

Violette Maurice
juin 1945

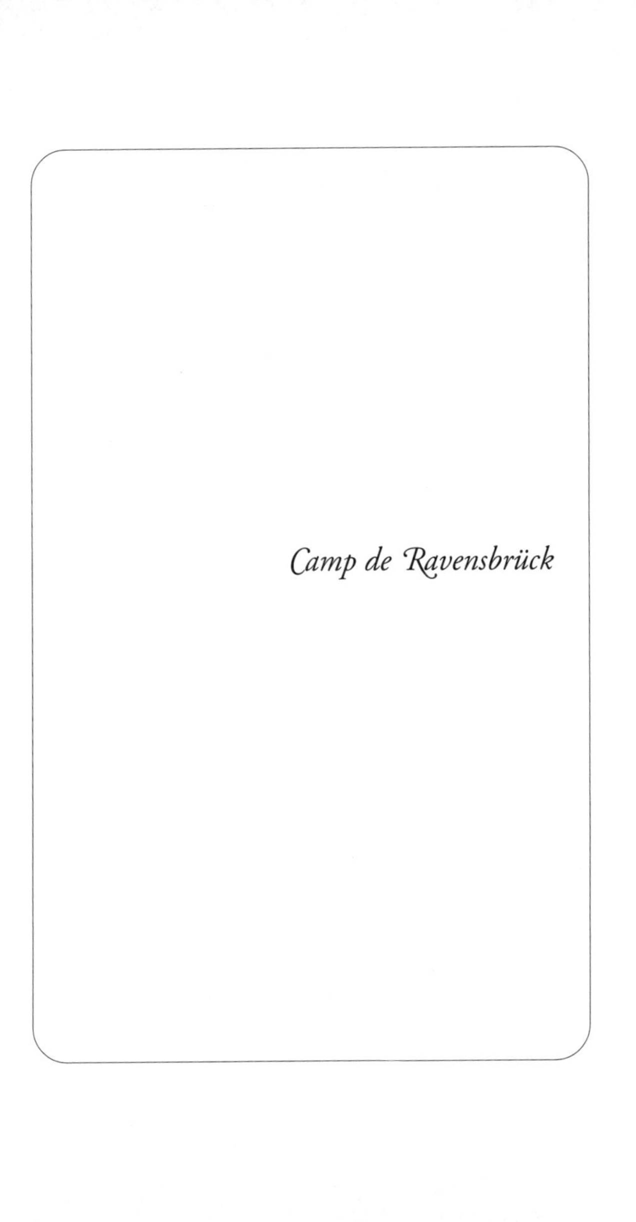

Camp de Ravensbrück

Appel du matin

AU PETIT MATIN, à quatre heures, la sirène qui hurle et se déchaîne vient nous rappeler ce que nous sommes. Vêtements de bagnardes enfilés à la hâte dans l'humidité froide où l'on erre à tâtons avec des gestes gauches de somnambules ; vociférations des garde-chiourmes éternellement les mêmes, menaces, coups, morne bousculade, et cette réticence à plonger dans la nuit froide qui vous happe au sortir du sommeil et vous cingle à grands coups de fouets, de cette nuit qui ne vous lâchera qu'au bout de trois heures d'immobilité, peut-être plus.

Devant les blocks sordides, où vacillent des lueurs sordides, des voix chuchotent, s'appellent, voix encore jeunes, voix éraillées, voix fraternelles ; fraternelles aussi, des mains se cherchent. Commence le long troupeau des femmes en guenilles à la démarche traînante, estropiées qui vont béquillant ou s'agrippant les unes aux autres, avec des jambes étoilées de plaies purulentes ; et les malades que l'on porte, toutes raides et grelottantes dans leurs loques.

Au long des barbelés, elles s'alignent par rangs de dix, bras ballants et visages vers le sol pour donner moins de prise au vent, car la bise ne discontinue pas, dans ce pays de malheur. Il y a celles qui n'ont pas de sabots et vont pieds nus dans la neige ; il y a celles qui ont des capuchons et font penser à une galerie de pénitents, et les dernières arrivées si laidement expressives avec leurs crânes tondus. « À droite, à gauche, encore à droite, encore à gauche » : cet ordre hurlé dans tous les jargons ; au début cela passe ; elles y font à peine attention ; elles parlent un peu ; elles ont encore quelques recoins de chaleur sous leurs robes rayées ; les unes prient, les autres plus réalistes, discutent de menus illusoirement substantiels ; quelques-unes aussi se recueillent, toutes pâles, semblant peser en silence la densité des minutes familiales qui leur échappent. Mais la brise ne les laisse pas tranquilles, pas plus que la « blockowa » qui les harcèle de sa cravache ; le froid les transperce ; il neige : le ciel blafard semble s'en aller en morceaux. En voici une qui tombe ; on l'a ramassée sans bruit et ses camarades la soutiennent évanouie. Il y en aura deux, il y en aura dix ; c'est la rançon de l'appel du matin et le crématoire ne chôme pas. Le froid a commencé par les pieds, il monte le long des jambes violacées, il gagne le ventre : elles regardent désespérément le ciel ; le jour ne se lèvera-t-il jamais ? Voici les premières blancheurs durant lesquelles le froid ne fait que redoubler. Les yeux peu à peu se brouillent, le cerveau se paralyse, tout le corps n'est qu'une masse inerte lourdement attachée au sol.

Elles sont là, trente milliers de femmes vouées à l'immobilité totale dans l'aube glacée, tendues vers un même désir, fixées à une seule pensée : la sirène ! Quand donc sonnera-t-elle pour annoncer la trêve de l'appel ? Tout ce qui reste de force chez ces estropiées, chez ces malades, chez ces mourantes, se concentre dans cette attente ; c'est la religion du moment...

Et lorsqu'elle sonne enfin, la libératrice, et que la victoire du jour, la victoire contre le froid, est en partie gagnée, une joie sourde vient leur serrer le cœur. Ô le block où l'on se rue comme des bêtes ! Ô le plus hospitalier des blocks ! Malgré le froid, malgré la vermine et la cohue, quel délice de s'y plonger d'un coup d'épaules, de se recroqueviller sous l'unique couverture rêche, tandis que le sang petit à petit commence à circuler dans les pieds gourds et dans ce corps qui se retrouve lui-même avec la conscience de renaître à la vie !

Histoire macabre

UNE ALLEMANDE aujourd'hui est morte au « Revier » ; cela arrive cinquante fois par jour et n'a rien d'extraordinaire. On l'a couchée sur les dalles du « Waschraum » où ses compagnes peuvent la voir toute longue et toute maigre, comme une affreuse poupée de cire à la mâchoire proéminente qui les regarde de ses grands yeux sans prunelle.

Quelques minutes après est arrivée la petite charrette des mortes, la petite charrette tirée par deux prisonnières où l'on entasse les corps sans les vêtir, pêle-mêle, ainsi que du bétail, dans les positions les plus désordonnées et les plus effrayantes. Les mortes de la vie courante ont l'air sages avec leurs bras le long du corps et leurs yeux clos ; les mortes de Ravensbrück ont l'air de folles avec leurs bras dans toutes les directions comme des moulins à vent, semblant jeter la malédiction sur le camp. C'est une vision de cauchemar qui hante les nuits des malades.

Et roule, roule vers la morgue ! La morgue est une petite pièce souterraine où les mortes font tapisserie avec leur numéro d'appel sur le bras avant de pénétrer au four crématoire ; il y a là des enfants mort-nés qui ressemblent à des monstres, et des femmes dont la laideur décharnée dépasse tout ce que l'imagination peut concevoir. Une vraie cour des miracles !

Mais voilà où mon histoire se corse : la morte n'était pas morte du tout, mais simplement tombée en syncope ; (les malades abondent au « Revier » et l'on n'y regarde pas de si près). Quelle horreur a dû être la sienne en se réveillant dans cette demi-obscurité morbide sous cet amoncellement de cadavres. Elle a dû avoir un avant-goût de l'enfer de Dante !... En tout cas, elle a pris ses jambes à son cou en un sursaut de vitalité dernière pour sortir de la morgue.

La « Bande-Rouge » en faction dans la rue voisine a poussé un cri d'épouvante et a fait comme elle ; et la morte courait derrière elle !

Ceci n'est pas une charge ; l'histoire s'est passée telle quelle à Ravensbrück. Il y a eu un appel supplémentaire, le soir, en punition générale. La moribonde a été rattrapée ; on l'a remise au Revier pour la forme, où elle est morte pour de bon le lendemain matin. Cette fois, on ne lui a pas donné le temps de se reprendre : elle a eu priorité au four crématoire où on l'a menée dare-dare.

Elle l'avait bien mérité !

Au pays des enfants sages

LES PETITS ENFANTS du « Revier » avec leurs gestes d'enfants sages, d'enfants silencieux, d'enfants précocement soucieux, d'enfants vieux ! Oh ! le plaisir d'avoir un lit à soi avec des draps blancs et de ne plus grelotter à l'appel du matin ! Oh ! la tristesse d'être privé de sa mère et de rester étendu toute la journée parmi ces grosses infirmières allemandes et polonaises qui vous donnent chaque soir, d'un air revêche, une pastille d'aspirine…

Le petit André a six ans, il en paraît à peine trois. C'est jeune pour être déjà dans un camp de concentration ! Il a attrapé froid l'autre dimanche pendant la pose et voilà qu'il ne cesse de tousser. La doctoresse l'a ausculté, a dit quelque chose en allemand, et l'a mis en observation au block des tuberculeux.

Le petit André ne se souvient pas d'avoir connu autre chose que les grands blocks sales où l'on vit les uns sur les autres dans des lits qui ressemblent à des niches de chiens ; il ne se souvient pas d'avoir joué ailleurs que près des murs électrifiés avec la pancarte « Danger de Mort » d'où il est défendu de s'approcher. Il n'a jamais eu en main des jouets d'enfants libres ; il n'a jamais goûté aux friandises des pâtissiers. Papa pourtant était riche ; seulement il n'était pas comme les autres, il était Juif : c'est pourquoi on les a amenés ici, maman et lui ; il était si petit qu'il ne se rappelle pas ; maman, elle, se rappelle ; elle parle toujours de rentrer en France : La France ! C'est un pays où ils ont une maison à eux, une maison avec un jardin rempli, au printemps, de fleurs jaunes que l'on nomme des jonquilles.

Le petit André couche donc à présent dans un lit au « Revier ». À la longue, il prend son nouveau domicile en horreur ; s'il est sage, maman viendra le voir en cachette derrière la vitre une fois par semaine ; malheureusement il n'est pas sage : il lui arrive de faire du bruit à l'heure du silence. Les distractions n'abondent pas ; il y a en face de lui un petit garçon du même âge, mais ils ne parlent pas la même langue et se contentent de se faire des grimaces. Il est seul, tout seul ; maman l'oublie et ne viendra jamais. Il pleure avec des gémissements d'enfant souffreteux... L'infirmière polonaise le frappe et le traite de bébé ; elle dit de lui à une malade qui s'apitoie, celle qui lui a appris la veille à faire des cocottes en papier : « Celui-ci, c'est visible, c'est un enfant gâté ! »

Oh ! les enfants malades du « Revier », oh ! les enfants qui n'ont même plus le droit de s'amuser, de rire, d'être des enfants, ces pauvres petites choses sans couleur et sans gaieté que les infirmières appellent pourtant, dans les camps de concentration : « Des enfants gâtés » !

Verfubgar

IL N'Y A PAS dans les camps de concentration de situation plus enviée que celle de Verfugbar : Verfugbar est un mot allemand qui signifie disponible. Il désigne la bienheureuse catégorie des prisonnières qui ne vont pas au travail. Ce titre a sa grandeur et ses avantages ! Il est en effet un peu dangereux de se prétendre Verfugbar lorsqu'on est jeune et bien portante ; seules peuvent le faire impunément les octogénaires, les estropiées ou les malades dont le rendement ne présente que peu d'intérêt.

La discipline du camp est sévère et l'appel du travail ne pardonne pas ; cet appel, qui suit l'appel du matin, consiste en un interminable défilé dans la « Lagerstrasse » de toutes les colonnes des divers Kommandos qui partent au travail : étrange défilé, en vérité, que celui de ces trente milliers de femmes ayant l'apparence de pauvresses, rassemblées de tous les coins du monde sous la même oppression. Il y a, dans ce mélange de races et de langues, un pittoresque coloré qui ne manque pas de grandeur historique. Le « maquignon » est là, avec sa horde de gardiennes glapissantes, et passe la revue.

S'il fallait décerner un prix de Verfubgar, je crois qu'il reviendrait d'emblée à mon amie B… ; durant huit à neuf mois de camp, elle a réussi le prodige de ne pas être prise une seule fois à l'appel du travail. Nous nous retrouvions, au jour naissant, sous les déguisements les plus fantaisistes, tour à tour clopinant ainsi que vénérables « tricoteuses », tour à tour affublées de bandages et d'écharpes pour simuler une fluxion ou les oreillons. Je nous revois, passant devant la « galerie des tableaux » en traînant la jambe à la manière d'éclopées, partagées entre l'appréhension et un irrésistible fou rire ; puis hop ! sitôt le tournant repris, regagnant le block à la course en nous frottant les mains de satisfaction. Il y avait avec nous la femme d'un général passé à la dissidence, qui n'avait pas sa pareille pour éviter le travail, et partageait nos escapades matinales ; c'était notre victoire quotidienne et nous la savourions comme il se doit. Quelquefois cela tournait mal : il y avait un contrôle lorsque nous nous y attendions le moins ; il fallait alors savoir jouer des jambes ! Nous pressentions assez souvent ces contrôles : nous reniflions le vent au réveil, nous palpions la température psychologique avant de nous décider pour telle ou telle stratégie savante. Ainsi la vie à Ravensbrück était parfois rendue supportable par ces ruses stimulantes qui nous permettaient de nous retrouver nous-mêmes, avec des mentalités de garnements qui font l'école buissonnière.

À la rigueur, nous pouvions à la sortie de l'appel ordinaire, nous dispenser de l'appel du travail ; bien entendu c'était rigoureusement interdit, mais qu'est-ce qui n'était pas interdit à Ravensbrück ? Nous étions alors obligées de foncer dans le brouillard en évitant les coups, en dépit des barrages de police qui gardaient les rues transversales. Les Russes connaissaient bien la question : elles se déployaient en éventail et nous profitions de la pagaille qui s'ensuivait pour nous précipiter à leur suite : c'était à « sauve-qui-peut ! » Si l'une d'entre nous était prise, elle était littéralement assommée sous les matraques et conduite au straffblock. Nous pénétrions ensuite par les fenêtres de la baraque et grimpions dans nos lits. La baraque était gardée ; il était nécessaire d'opérer silencieusement et vite pour ne pas attirer l'attention. Nous faisions la course Léa et moi : Léa arrivait toujours la première et lorsque j'atteignais mon pigeonnier tout essoufflée, j'apercevais régulièrement avec dépit le tas informe de son corps sous la couverture grise et j'entendais son rire aigu. D'autres fois, durant l'appel, elle feignait de s'évanouir : on la ramenait alors au block et le tour était joué ! Mais cela pouvait être aussi très dangereux !

Il m'arriva, néanmoins, à plusieurs reprises, d'être désignée pour le travail ; dans ce cas extrême, il s'agissait alors de risquer le tout pour le tout, et de profiter d'un moment d'inattention des surveillantes pour quitter la colonne.

La journée se passait dans le lit à somnoler ou à discuter pour tromper la faim. B… avait installé sur le mien une imprimerie clandestine : nous n'avions en effet pas droit aux livres ; nous éditions des poèmes retrouvés de mémoire sur du papier volé, à l'aide de plumes volées et d'encre volée. C'était l'édition de la « Croix de Lorraine ».

Quelquefois aussi, à l'occasion d'un jour mémorable, nous nous réunissions secrètement pour chanter un air patriotique : 11 Novembre ! 14 Juillet ! Comme nous étions proches les unes des autres, ces jours-là, sur nos grabats pavoisés d'oriflammes tricolores, et dans le silence poignant de l'appel du matin, silence presque insupportable par sa densité vivante, silence multiplié par mille, car nous étions mille femmes ayant au cœur la même rage et la même foi patriotique.

Ouvrages de dames
ou l'utilisation des compétences

MA CHÈRE, on se croirait à la plage ! Une plage un peu populeuse, bien sûr ! Voyez-vous toutes ces mondaines maniant avec snobisme la pelle et la brouette, en élégantes robes rayées ?... Qui de nous ne peut se vanter d'avoir la ligne ? Les occupations sont variées ; il y en a pour tous les goûts, et tous les âges. Il est tout indiqué, pour les âmes contemplatives, de tenir l'immense tuyau qui sert à arroser le macadam : cela permet, de six heures du matin à six heures du soir, d'admirer sans réserve le panorama des fils de fer barbelés.

Pour celles qui aiment l'effort physique et veulent se développer les muscles, il est bon de s'atteler au rouleau compresseur afin d'user plus vite la corde et le temps ; ce travail ne manque pas, d'ailleurs, d'agrément : on y écoute, à chaque extrémité de route, juste le temps de souffler, une causerie pleine d'érudition sur l'origine de l'homme, faite par une de nos camarades ethnologue.

Si vous avez un penchant pour ce qui s'appelle en Allemagne « l'organisation » – et Dieu sait si les Allemands s'y entendent en fait d'organisation – c'est aux wagons qu'il vous faut aller. Vous voici transformée en débardeuse ! Le cadre consiste en une longue voie où sont entassés pêle-mêle, de partout sur des kilomètres, les objets les plus cosmopolites pillés dans le monde entier : meubles précieux, vêtements civils de toutes formes et de toutes provenances, vêtements militaires maculés de sang, jouets d'enfants, et des photos ou des bouts de lettres qui vous font rêver mélancoliquement à toutes ces vies familiales brisées. Tout cela reste à moisir sur la voie, car il n'y a pas suffisamment de place dans les hangars. Cet entrepôt immense, a, dans le soir, à la lueur des projecteurs, un aspect quelque peu terrifiant. C'est le brigandage organisé. Chaque jour arrivent des trains nouveaux chargés de butin. Il y en a qui portent l'inscription : FRANCE, et nous avons le cœur serré en les regardant.

Il nous a fallu, l'autre jour, descendre un piano d'un wagon. Depuis deux ans au moins nous n'avions pas entendu de musique. Un SS subitement s'est approché et s'est mis à jouer : nous nous sommes regardées avec l'envie d'éclater en sanglots. Ces notes avaient suffi à faire affluer à nos âmes tout le monde chaviré des souvenirs de douce intimité ! Anne a cru revoir sa petite fille de cinq ans qui commençait à tapoter les touches à son arrestation, et Claude son mari aveugle qui dirigeait une chorale. Nous ne pouvions plus faire un geste ; pendant une seconde nous fûmes à nouveau des femmes libres.

Mais les coups de sifflet ont forcé les esclaves à reprendre le travail.

C'est un métier très lucratif que celui de débardeuse, et la fouille en fin de journée n'empêche pas une partie des marchandises de disparaître consciencieusement chaque jour ; on y devient experte dans l'art de « l'organisation », et l'on y fait des découvertes sensationnelles qui risquent de révolutionner la médecine ; on y apprend que l'huile de machine est parfaitement digestive pour les estomacs affamés. Malheureusement, on en revient aussi avec les doigts et les pieds gelés !... Si le plein air ne vous dit rien, allez donc respirer un peu l'air des « Betrieb » ! Les amateurs de reconstitution historique y verront d'étranges supplices moyenâgeux qui sont des métiers à tisser à la main ; métiers en forme de cages où bras et jambes marchent à la fois, toute la nuit, d'un mouvement dissymétrique, dans un bruit infernal de machines. Vous aurez tout loisir de réfléchir dans le martèlement continuel et l'atmosphère de chaleur huileuse, à la réforme des lois sociales sur le travail ; et lorsque la fatigue vous prenant, après vous être répétée pendant des heures un vers ou une phrase insolite, vous tomberez endormie sur votre métier, soyez sûre que les coups de schlague, vous tirant brutalement de votre couche isolante de sommeil, vous feront maudire à jamais le travail de nuit et l'esclavage de la machine...

Ma machine à moi était une machine infernale ; bien entendu elle portait une marque allemande. Que de tours elle m'a joués, que de gifles elle m'a values !

Le matin arrivait quand même : tête bourdonnante, corps exténué, nous quittions l'atelier en titubant. Le soleil se levait sur le camp ; le ciel somptueux de Mecklembourg avec tous ces ors rutilants semblait narguer notre détresse infinie. Agrippées les unes aux autres comme si nous allions tomber de faiblesse, yeux cernés, traits creusés, il nous fallait encore subir l'appel du matin avant de sombrer dans l'anéantissement.

« Bibelforscher »

Elles avaient construit le camp plusieurs années auparavant. Elles figuraient parmi les premières victimes du régime nazi : victimes à l'âme simple, cuirassées dans une foi fanatique, aux traits durcis, aux larges mains de paysannes solides, évoquant par leurs attitudes gauches je ne sais quelles statues primitives. Leur groupe était composé en partie d'Allemandes et de Polonaises appartenant à une secte dissidente du protestantisme ; elles voyaient en Hitler l'Antechrist annoncé par l'Apocalypse. On les avait arrêtées par milliers à l'avènement du National-Socialisme, et force leur avait été d'ériger elles-mêmes la tombe de Ravensbrück ; leurs mains s'étaient écorchées à élever les murs du camp et les villas des SS à l'extérieur de l'enceinte ; leurs pieds nus avaient saigné contre les graviers et les pierres. Elles mouraient par centaines chaque jour, en ce temps-là, tombant du haut des échafaudages d'où elles étaient parfois volontairement précipitées.

Vint un jour où, leurs travaux étant terminés, elles furent parquées derrière les barbelés plantés par elles. Lorsque nous arrivâmes à Ravensbrück, elles n'étaient plus qu'une poignée de vieilles femmes ne se distinguant des autres prisonnières que par le triangle violet qu'elles portaient sur le bras droit ; le reste avait été massacré. Nous sûmes qu'elles avaient refusé toute aide à la production de guerre. Leur force d'inertie avait, à la longue, fléchi leurs bourreaux ; parce qu'elles étaient scrupuleusement honnêtes, on les avait mises aux postes de confiance du camp ; elles pouvaient aller et venir à leur aise et sortir de l'enceinte sans surveillance ; l'idée ne leur venait pas de profiter de cette situation et de chercher à fuir. Certaines s'occupaient de la basse-cour des SS, d'autres devaient garder les enfants des nazis. À maintes reprises le Commandant leur avait promis de les libérer immédiatement si elles reniaient leur doctrine ; elles avaient refusé en bloc.

Elles faisaient souvent preuve d'initiatives malheureuses, prenant à l'improviste d'étranges déterminations, décidant, par exemple, de ne plus aller désormais à l'appel ; rien ne pouvait alors les faire changer d'idées : je les ai vues se laisser traîner par les cheveux par les surveillantes SS, tomber dans la neige plutôt que de céder, et y rester prostrées, insensibles aux lanières qui s'abattaient sur elles. Devant cette obstination que rien ne pouvait vaincre, les gardiennes durent, à plusieurs reprises, les faire hisser sur des charrettes pour les conduire à l'appel. Il me semble entendre encore les hurlements des SS et les coups sourds des bâtons qui s'abattent dans le matin morbide. On les jette hors des charrettes, on lance sur elles les chiens furieux, mais elles ne bronchent pas et ne profèrent pas une plainte. Ces femmes dont l'héroïsme confine au surhumain me font penser à des arbres sur lesquels tombe la cognée…

Elles décidèrent un jour de ne plus porter leurs numéros matricules. Le commandant intima l'ordre de les faire « poser » jusqu'à ce qu'elles fussent soumises ; elles ne fléchirent pas ; chaque matin nous les apercevions, en rang devant le bureau du commandant, comme figées dans leur entêtement volontaire. Les heures passaient, elles ne pouvaient presque plus tenir sur leurs jambes enflées. Je revois leurs bustes penchés en avant, leurs corps prêts à s'affaisser de lassitude. Elles restèrent ainsi debout environ une semaine ; nous ignorâmes la fin de l'histoire.

Ô femmes si aveuglément résolues ! Je songe à cette foi totale, à cette ténacité qui ne connaît nulle mesure. Faut-il que se dépense en vain tant d'énergie et de ferveur mal placée qui pourrait soulever le monde d'un élan neuf ? Il nous faudrait la force et l'ardeur de ces femmes pour rajeunir la terre ! Si cette force était canalisée et mise au service de la libération de l'homme et de la vie créatrice, que ne ferait-on pas alors ?

Les affres de la faim

QUI DE NOUS n'a eu faim son saoul à Ravensbrück ou à Mauthausen ? Faim lancinante, faim qui tortille les entrailles et vous laisse sans force, en proie à de constants vertiges.

J'ai toujours eu un appétit féroce ; mes camarades de Montluc s'en souviennent bien ! Plus que quiconque à Ravensbrück j'ai connu la faim obsédante, la faim furieuse qui ne se calme jamais et ne fait que se déchaîner au moment des repas.

Nous avions commencé par avoir une soupe à midi et le soir, éternelle soupe de choux ou de rutabagas souvent déshydratés. Si nous attendions le samedi à cause du petit bout de margarine et de la rondelle de saucisson octroyés ce jour-là, nous redoutions en revanche le quart de café tiède qui nous était servi à la place de la soupe. La boule de pain noir mélangé de son ne durait pas longtemps... Ce pain sentait le moisi, mais nous le mangions avec délices ! Il arriva une époque où notre ration fut réduite et où la soupe du soir fut supprimée définitivement. Quant à la soupe de midi elle était de plus en plus inconsistante : c'était de l'eau trouble dans laquelle nageaient quelques débris de légumes. Les affres de la faim se firent terribles : lorsque nous descendions de nos châlits, la tête nous tournait et nous pensions tomber de faiblesse. En ce temps-là, nombreuses furent celles qui s'évanouissaient entre chaque appel. La tranche de pain allait s'amincissant de jour en jour ; nous cherchions à en tirer le maximum de profit nutritif ; certaines prétendaient qu'il était préférable de la manger en une fois et que l'estomac tenait mieux à ce régime ; d'autres l'économisaient, la mangeaient miette à miette, à chaque heure de la journée. Nous avions aussi remarqué que lorsque nous l'avalions sans mastiquer, l'impression de la faim était momentanément calmée ; la plupart d'entre nous la mangeaient très lentement en faisant durer le plaisir le plus longtemps possible. La dernière bouchée était épouvantable : elle avait un avant-goût amer de faim renouvelée ; elle marquait le début des souffrances de l'attente du pain suivant.

Aux jours prodigues où nous avions une pomme de terre supplémentaire, les Russes allaient chercher les épluchures dans les poubelles : mais elles n'en retiraient pas grand-chose, car rares étaient celles d'entre nous qui épluchaient encore leurs pommes de terre.

Les scènes pénibles se multipliaient : dans le « Revier » mouraient de faim les malades trop faibles pour lutter, à qui on volait leurs rations de soupe ou de pain. Les prisonnières en arrivaient à se piller les unes les autres ; on vit même certaines femmes, qui se piquaient d'être du monde, prendre en cachette la nourriture de leurs camarades et de leurs amies... J'évoque ici la figure de S... (qui fut gazée par la suite), avec son allure affligeante de vieille levrette galeuse et squelettique, venant d'un air abattu s'asseoir et discuter sur mon lit. Elle était d'une bonne famille parisienne ; elle avait toujours mené une vie large, ayant eu de tout à profusion ; elle était intelligente et fine ; elle avait beaucoup lu et voyagé ; mais elle avait pris au camp une âme mercantile et elle aurait tout donné pour une nourriture suffisante ; elle ne pouvait, m'a-t-elle dit par la suite, résister à la faim. Elle se glissait silencieusement sur les grabats de ses voisines et on la surprit à plusieurs reprises en train de voler ses amies. Chacune la repoussait, la rabrouait ; cette dégradation extrême due au camp et à la misère me la faisait plaindre énormément.

Il y avait des prisonnières qui allaient jusqu'à vendre à leurs camarades des vêtements ramenés du Betrieb. En hiver, un pull-over s'échangeait contre quatre rations de pain. Nous fîmes une campagne pour que cessât cet infâme commerce entre Françaises ; fallait-il donc crever de faim pour ne pas avoir froid ? Ces souffrances nous rendaient méchantes et nous dressaient les unes contre les autres ; les « resquilleuses » étaient l'objet de haines mortelles. Nous qui nous faisions un devoir de ne léser personne, nous éprouvions, à l'égard des plus favorisées, une jalousie tenace ; c'est tout juste si nous n'en voulions pas à notre compagne pour avoir reçu, un jour par hasard, une part de pain plus grosse que la nôtre.

Lorsqu'il nous arrivait de transporter du sable près des cuisines, nous jubilions littéralement : nous cherchions, dans les déchets, des feuilles de choux abîmées ou des pommes de terre jetées aux ordures ; nous avions formé une équipe de pillardes qui s'appelait : « l'équipe des trognons de choux » et dont la devise était « jusqu'au trognon » !

Nous aurions risqué notre peau pour un bout de navet aperçu dans un tas de détritus venant des cuisines ; ce navet d'ailleurs coûtait cher et le Bunker était la punition courante ; pour ma part je fus littéralement assommée sous les coups, certain jour, où je fus prise avec un rutabaga caché dans ma robe.

À plusieurs reprises, des bidons de soupe aigre jugée immangeable furent abandonnés dans le camp. Marie-Jeanne me faisait signe ; nous nous précipitions avec nos gamelles et nous gorgions de soupe jusqu'à satiété.

Faim envahissante, faim avilissante, faim qui abêtit : les femmes ne parlaient plus que de menus et trompaient leurs affres en copiant des recettes de cuisine. Je fis serment de ne jamais me laisser aller à en copier et tins bon jusqu'au bout. J'essayais en vain de penser à autre chose : l'idée de la faim revenait sans cesse.

Nous nous réveillions la nuit en train de saliver ; nous rêvions indigestions et estomacs trop pleins ; nous évoquions des mets paradisiaques ; il est vrai que la plus simple nourriture nous paraissait somptueuse : Dédée de Paris parlait avec volupté d'une miche entière de pain blanc dans laquelle elle pourrait mordre à son aise. L'idée du retour se parait de repas plantureux, de véritables orgies flamandes. La faim pendant ce temps faisait son œuvre ; les femmes au « Revier » mouraient d'œdème de la faim ou de dysenterie galopante. Nos corps étiques n'étaient plus que charpentes osseuses. Le crématorium, lui, allait bon train : l'odeur de la chair grillée venait infester les blocks dans les blêmes journées d'hiver, les blêmes journées de la faim.

Marchands d'esclaves

DEPUIS PLUSIEURS HEURES elles attendent, avec des airs mornes et résignés, en rang par cinq, comme c'est l'usage. Il paraît que c'est pour un transport, mais le marchand d'esclaves tarde à venir. Le voici enfin qui arrive, d'une démarche de canard, sanglé dans son uniforme SS menaçant d'éclater aux entournures. Il est gras à faire envie ! Regardez ce visage laiteux de brute allemande et cette hilarité gouailleuse digne d'un véritable maquignon ! Bien entendu il a la cravache et il est prêt à s'en servir.

Sa manière de dévisager les femmes dénote le sadisme le plus complet. Elles sont là, serrées les unes contre les autres, comme rétrécies encore par l'angoisse d'une séparation prochaine : cinquante visages exsangues qui n'ont plus rien de féminin, cinquante loqueteuses, aux traits burinés et aux yeux fébriles, dont l'âme est en train de mourir jour après jour, à petit feu. Pour eux, de simples numéros matricules…

Qui se douterait qu'il y a là, sous ces guenilles, toutes les classes de la société représentées : des universitaires, des artistes, des musiciennes, mélangées à des criminelles et à des prostituées ? Il semble que le maquignon prenne un plaisir malsain à narguer leur maigreur squelettique et fanée. Chacune ne vaut que par le rendement qu'elle peut fournir. Le Reich a besoin de bras : si elle est à bout, qu'elle crève ! « *Nicht arbeiten, nicht fressen* », pas de travail, pas de nourriture !

Il les a divisées en deux groupes qu'il frappe au passage de sa cravache. Mais voici le moment tragique : le moment où ces femmes condamnées, à qui l'on a tout pris, sauf l'amitié journalière nouée dans la désespérance commune, amitié à laquelle elles se cramponnent depuis des mois, vont se dire un adieu définitif. Pas d'effusions, rien que ce regard prolongé où il reste une petite lueur tenace d'espoir : « on se reverra en France ! »

Il y a une vieille, avec un visage têtu de paysanne ridée, qui a sa fille dans le convoi. Elle demande à partir avec elle, mains jointes en un geste poignant de supplication. Le maquignon ne l'écoute pas et la repousse ; par trois fois elle s'obstine et tend le bras ; un coup-de-poing la fait rouler dans la boue tandis qu'il cogne et s'acharne.

Le convoi s'est ébranlé parmi les coups de sifflets et les lanières qui pleuvent : la vieille s'est relevée et s'appuie contre la façade d'un block. Son front est balafré d'un grand trait sanglant, et elle reste là, plus rigide qu'une statue, visage décomposé, expression de désespoir sans borne qui ronge ses yeux gris qu'on ne peut oublier.

Encore des femmes qui s'en vont pour une destination inconnue travailler, sans nul doute, à la machine de guerre nazie ! Après avoir combattu, après avoir souffert pour que revive la France, il faudra, à présent, servir de mains-d'œuvre à l'ennemi, afin que saigne davantage le grand corps mutilé du pays, de ce sang dont l'odeur fade emplit les camps de concentration en Allemagne !...

À Marie

ELLE VENAIT d'arriver au camp avec sa mère ; je la revois encore : visage candide avec des joues pleines et des yeux rieurs, nattes ramenées en auréole au-dessus de la tête. Sa mère était vieille et mince ; il y avait un air de bonté et de paix chez ces deux femmes.

On les avait mises au block 31, un block digne des plus sombres intérieurs de Dickens : la lumière n'y pénétrait pas ; les paillasses pourrissaient dans l'humidité froide et il s'en dégageait une vague odeur de puanteur triste.

Elles habitaient la région stéphanoise, et c'est pourquoi, de prime abord, nous nous étions liées d'amitié. Dans ce camp aux vapeurs morbides, elles amenaient avec elles un peu de cet air vivifiant du Massif Central. Nous apprîmes ensuite à nous connaître mieux et vécûmes alors dans une étroite intimité.

Marie était encore une enfant : la prison avait mis cependant dans son regard gris une ombre quelque peu soucieuse. Elle semblait parfois s'attarder à rêver lorsqu'elle ne se sentait pas observée ; devant sa mère elle était d'une gaieté réconfortante, un peu factice à l'occasion. Elle apportait fraîcheur et printemps dans ce block misérable où les âmes se fanaient à se recroqueviller sur elles-mêmes. Les vieilles femmes l'aimaient et chacune vantait son courage. Elle avait pour sa mère des attentions très touchantes et très douces ; il me semble la revoir, peignant avec tendresse les longs cheveux un peu raides qu'elle avait pourtant du mal à démêler. Toute son inquiétude allait vers sa mère ; je l'ai vue pleurer en cachette à cette époque en me disant : « Tu sais, maman ne tiendra pas jusqu'au bout. » Elle-même changeait : sa robe semblait s'être allongée sur ses hanches maigres ; elle conservait malgré tout ses joues rondes qui lui donnaient une fausse apparence de santé. Elle craignait le froid ; ses jambes après l'appel étaient violacées jusqu'aux genoux.

Vinrent les transports impitoyables qui séparaient les mères de leurs filles et les sœurs de leurs sœurs ; elle s'engagea à l'usine Siemens pour être sûre de ne pas partir ; cette décision lui fut dure car c'était une vraie patriote. La malchance la suivait : juste comme elle venait de s'embaucher, les travailleuses de l'extérieur furent retranchées du camp ; on construisit des baraquements autour de l'usine : la petite Marie fut emmenée de force sans même avoir pu dire au revoir à sa mère.

C'est alors que les choses tournèrent mal : c'était comme si le printemps s'en était allé avec elle : sa mère commença à dépérir. J'allais la voir ; elle avait attrapé une violente dysenterie qui la privait de ses forces ; elle ne pouvait plus rien absorber. Je mis trois jours avant de la décider à aller au « Revier » ; le quatrième, lorsque j'allai lui rendre visite, elle avait déjà le masque de la mort.

Il était urgent de prévenir Marie. Cela se passait quelques jours avant Noël ; il faisait très froid ce soir-là ; j'avais écrit à Marie en insistant pour qu'elle descendît au camp : les malades de chez Siemens venaient en effet à l'infirmerie du camp ; elle n'avait qu'à se faire passer pour souffrante. C'est ce qu'elle fit. Je ne lui avais pas dit l'état exact de sa mère. Elle arriva à la nuit tombante ; il fallut plus d'une demi-heure de démarches pour obtenir qu'elle quittât un moment sa colonne et allât voir sa mère moribonde. Je l'accompagnai au block des malades : je l'attendis à la porte, grelottant dans la pénombre lugubre où flottait une odeur forte d'infirmerie sale. Lorsqu'elle sortit, elle me dit simplement, d'un ton qui trahissait son bouleversement : « Il n'y a plus d'espoir ; on lui a déjà mis son numéro sur le bras pour le four crématoire. »

Elle n'obtint pas la permission de passer la nuit auprès de sa mère et dut remonter de suite ; le lendemain, elle apprit la mort de cette dernière.

Je ne la vis plus d'assez longtemps. Elle m'écrivait : « Il faut que je rentre, car papa sera sûrement mort en déportation et mon jeune frère, à son retour, aura besoin de moi. » À plusieurs reprises, elle put venir jusqu'à mon block à la dérobée. Elle faisait l'admiration de toutes : elle ne pleurait pas ; elle évitait de parler de sa mère ; à moi seule elle se confiait et je mesurais alors la portée de son désespoir.

Elle tomba malade ; ses jambes et son corps enflèrent. On la ramena au camp et je la vis souvent. Elle avait encore ses yeux candides, et son visage de douce enfant ; mais plus jamais elle ne redevenait petite fille et ne me racontait des histoires puériles comme auparavant.

Nous apprîmes un soir, à l'improviste, que le block des otages auquel j'appartenais allait partir en transport. Je n'eus que le temps de me précipiter au block des malades : je soudoyai la « bande rouge » pour qu'elle me laissât entrer. Je trouvai Marie très faible ; elle apprit mon départ sans laisser voir son désarroi. Je lui parlai longuement sur son lit, dans l'obscurité, lui faisant promettre d'être raisonnable et d'avoir confiance, car la guerre allait être finie ; il fallait qu'elle tînt jusqu'au bout. Elle me le promit, me donna rendez-vous en France, et je sentis, à son étreinte, qu'elle était bien décidée à rentrer.

En Juillet s'annonça un transport venant de Suède ; j'attendais Marie ; j'appris sa mort lorsque je croyais à son retour imminent. On lui avait fait une piqûre de camphre qui l'avait tuée quelques jours avant la libération.

Marie, visage si pur et si rayonnant ! Sur ce fond de ténèbres, sur ce fond de souvenirs aux teintes mortes qui dansent une danse macabre aux heures de découragement, je revois ses yeux limpides, son sourire de petite fille, et ses nattes en auréole où vient s'accrocher la lumière, la lumière d'or des clairs matins du monde qu'elle ne reverra plus jamais.

Destination inconnue

VOUÉES à l'obscurité totale et au mouvement rectiligne, nous nous laissons glisser dans les ténèbres, Dieu seul sait où ! Après deux ans de vie stagnante derrière nos barbelés, j'éprouve, à m'abandonner au hasard de la voie, une sorte de jouissance physique. Depuis combien de jours avons-nous quitté Ravensbrück ? Nous ne savons ; nous avons perdu jusqu'à la notion du temps. Nous avons terminé le pain noir et le morceau de margarine donnés au départ ; chose curieuse l'obsession de la faim nous a quittées ; je n'ai presque plus parfois la conscience douloureuse de mon corps ; il y a dans notre faiblesse extrême une euphorie que je ne puis expliquer.

À force de rouler et de rouler toujours, il nous arrive de ne plus savoir dans quel sens nous allons. Est-ce à droite, est-ce à gauche ? Tombons-nous d'une chute verticale ? Peu importe. Les cahots et les piaffements de la machine nous indiquent par instants que nous traversons une ville ; puis la longue bête se calme et reprend son allure régulière. Il nous arrive de temps en temps de nous assoupir quelques minutes ; un sifflement ou un juron nous réveille, ou encore la plainte animale d'une vieille qui meurt à côté de nous… Un arrêt enfin ! Nous demandons de l'eau pour la mourante qui ne cesse de dire : « J'ai soif » sur un ton obsédant de litanies. « Laissez la crever ! », dit l'homme, et le train repart…

Voici le jour : une lueur jaune bave légèrement par les fentes. La vue chaotique du wagon à marchandises, où nous nous sommes entassées à quatre-vingts, nous rappelle violemment à la réalité des choses ; je me souviens alors que je suis fortement courbatue et que j'ai une crampe dans la jambe sur laquelle s'appuie ma voisine ; la journée s'écoule dans une position inconfortable ; nous parlons peu car l'effort même de parler nous coûte ; l'une d'entre nous pourtant, moins fatiguée que les autres, raconte des histoires à la Somerset Maugham. La distraction principale du voyage consiste à s'épouiller dans une lumière trouble...

La nuit à nouveau, et voici la faim qui reprend le dessus. Une secousse brutale : le train stoppe dans l'obscurité inconnue. On nous bouscule hors des wagons et nous nous mettons en rang par cinq docilement.

Marche lente dans la campagne avec nos baluchons au bras ; tête vide, jambes raidies, allure d'émigrants. L'air frais pourtant nous anime et la nuit qui nous enveloppe de ses bleuités de neige me semble étrangement amicale et pacifiée. Nous traversons un village autrichien, endormi dans ses feuilles, avec ses toits enfoncés jusqu'aux yeux. Puis nous nous arrêtons pour souffler, car la route monte et nous avons, paraît-il, cinq kilomètres à faire.

Mais l'enchantement dure peu. Les coups de feu qui trouent le silence nous rappellent l'horreur de notre condition : les infirmes que l'on abat parce qu'elles ne peuvent pas marcher...

Encore deux kilomètres ; là-haut, sur la crête, la lumière des miradors nous parvient, et apparaissent soudain la forteresse de Mauthausen et ses lumières comme une immense cité d'oppression et d'esclavage. Inquiétants ronflements d'usines... Allons-nous être obligées de prêter main-forte à ce crime monstrueux de la production nazie ?

Voici franchis les murs d'enceinte ; voici finie la traversée de la campagne baignée de vieil argent. Nous sommes accueillies par une horde bruyante de SS aux gestes hystériques. Ils nous font aligner à l'ombre écrasante des murs ; la plupart d'entre nous devront rester ainsi, toute la nuit au garde-à-vous, silhouettes fantastiques sous la lune. Qu'importe que tombent une à une silencieusement les femmes épuisées ! Les autres sont introduites dans une immense salle de douche souterraine, qui rappelle un peu les chambres à gaz, et doivent se dévêtir sous les yeux des gardiens hilares ; il y a un SS à tête grimaçante de faune qui passe une visite minutieuse. L'humiliation est à son comble chez ces femmes ; chacune étouffe de rage et d'écœurement.

Je reverrai longtemps cette salle de pierre envahie de vapeurs chaudes et l'odeur nauséabonde des chairs mal lavées ; je reverrai longtemps aussi ces corps fripés, à bout de force, seins vidés, peau parcheminée, allongés sur le sol dans les positions les plus impudiques et les plus désordonnées, en attendant de passer sous les douches.

Étranges caricatures de l'humanité déchue et asservie ! Puis nous sortons dans la nuit givrée avec une chemise de toile pour seul vêtement, avant d'être mises au block des Tsiganes, au block de l'immoralité, de la prostitution et du pillage organisé, où nous, les déportées politiques, serons traitées en parias, sans lits pour allonger nos détresses, et nos corps qui pourrissent d'abcès dans la crasse et le dénuement.

Cimetière d'Amstetten

LA TEMPÊTE D'ACIER avait fait rage depuis deux heures ; le cercle de feu à présent semble se rétrécir progressivement. « Nous en sommes, dis-tu, à la dix-septième vague. » Les avions tombent en piqué au-dessus de nos têtes et grincent d'une manière agressive en remontant d'un coup d'échine ; les bombes sifflent, la DCA tonne, les réservoirs éclatent sur la voie et la terre vibre à n'y pas croire. Miarka et moi sommes allongées derrière un arbre et attendons. Miarka dit, d'un ton qu'elle veut rendre détaché et qui me met au cœur une petite angoisse : « Celle-ci, je crois bien qu'elle est pour nous. »

Miarka s'est trompée fort heureusement : la bombe est tombée à quelques mètres, se contentant de nous jeter au visage des mottes de terre et des branches cassées. Ce n'est pas encore pour cette fois. À vrai dire, nous n'avons presque pas peur ; nous en éprouvons une sorte d'orgueil démesuré. Ce jeu de cache-cache avec la mort nous grise un peu ; l'expérience nouvelle du danger brutal et immédiat ne manque pas de charme ; et puis il y a plus de grandeur à être tuée de cette sorte qu'à mourir d'agonie lente dans un camp de concentration. J'ai toujours eu une affinité particulière pour la terre ; j'en aime, aujourd'hui plus que jamais, les tressaillements insolites ; l'idée d'être broyée parmi les herbes et les racines dont le goût âcre me vient à la bouche, sous ce grand ciel bleu triomphal qui perce à travers les arbres, n'est pas faite pour me déplaire. Une camarade cachée dans les broussailles nous crie : « C'est au tour des Boches de déguster ! »

Accalmie provisoire. Entre deux raids, les idées se précipitent : nous nous en faisons part, Miarka et moi, et constatons que nous sommes terriblement livresques : je pense au Boby de Giono dans *Que ma joie demeure*, frappé d'un coup de foudre entre les épaules.

Nouveaux ronflements de moteurs... Les bombes se remettent à siffler, la DCA à tonner, et les réservoirs à éclater sur la voie. Je suis Boby : j'écoute gronder le tonnerre proche ; il me semble sentir déjà la décharge dans le dos. Au fond la mort est quelque chose de si simple !...

Subitement nous pensons à nos amies dont nous avons été séparées à l'aube et qui travaillaient à cent mètres de nous. J'ai alors l'impression, vivante comme une réalité, que nous ne craignons rien Miarka et moi, qu'une chance extraordinaire nous protège, mais que les autres ne rentreront pas. Il y a, à côté de nous, une Russe qui pleure en disant : « Je ne veux pas mourir ! » Pourquoi faut-il que j'éprouve du mépris pour cette femme ?

Le bombardement a duré quatre heures. La terre en est comme grillée ; la fumée nous étouffe. De la voie il ne reste rien, que des machines fantastiques, pattes en l'air dans l'atmosphère brouillée. La ville orgueilleuse est morte ; pas une seule maison ne reste debout. Les usines flambent à l'horizon… Une joie sauvage nous gonfle le cœur ; par-ci par-là une enseigne se balance devant une façade à demi démolie, et des rescapés, hébétés par le désespoir, cherchent on ne sait quoi dans les décombres. Nous marchons en colonnes sur la route et l'envie de chanter nous prend devant cet immense cimetière allemand qui semble émerger du crépuscule.

Une voiture sanitaire nous croise tout à coup. « Ici vingt mortes ! » crie un officier SS à une infirmière. Nous ne nous y trompons pas : c'est des nôtres qu'il s'agit et nous n'avons plus envie de chanter. Un char à bœufs nous dépasse, où sont installées dans la paille nos camarades blessées ; visages décomposés qui saignent dans la fumée, sourires tristes, visions de cauchemars. Deux chars, trois chars, et voici celui des mortes.

J'ai compris, lorsque j'ai vu Frédérique avec ses cheveux défaits et ses mains pendantes de morte, que mon intuition ne s'était pas trompée et qu'aucune ne rentrerait en France.

La nuit a envahi la voie où sont alignés tous les cadavres à la file ; plaintes des blessées se mêlant aux cris gutturaux.

Mag si effacée, Hélène aux cheveux blonds et aux joues pleines, Micheline aux yeux rieurs, et toutes, qui étiez si gaies ce matin, mes amies qui ne sont plus à présent !

Entassées dans un train de marchandises, nous attendons que les corps aient été chargés. Miarka s'est assoupie de fatigue et de chagrin. Dans le wagon où se décomposent des ombres bizarrement grotesques, se mêlent des images funèbres et chaotiques dans mon esprit halluciné.

Ai-je bien réalisé, ce soir-là, ce qu'est l'amitié à l'amitié, et ce que je viens de perdre ?

Sur la route de Mauthausen à la forteresse, dans cette nuit de cendres épaisses peuplée de pensées orphelines, défilent silencieusement les grands camions mortuaires qui vont porter les corps mutilés de nos sœurs au four crématoire.

Printemps à Mauthausen

Nous venons de recevoir l'ordre de quitter Mauthausen-le-haut pour aller loger en dehors du camp : ordre subit, ordre imprévu, qui ne nous laisse même pas le temps de rassembler nos guenilles éparses… Des cris gutturaux, un branle-bas de SS qui s'affairent comme des chiens hargneux, et nous voici à l'extérieur de l'enceinte, face au ciel, aux collines aérées et au Danube qui serpente tout au loin parmi des promontoires de brume rosée. Nous allons, dans une sorte d'éblouissement de tout notre être, torses qui se redressent soudain, visages comme transfigurés ; un grand vent de résurrection souffle sur nos corps usés.

Nous prenons la direction de la carrière, et descendons péniblement les deux cents marches de pierre creusées dans le roc par les Juifs, marches qui semblent suinter le sang. On se croirait à présent au bout du monde ! L'ombre de l'entonnoir géant nous absorbe brutalement. Nous contournons des usines d'aviation tapies sur le sol avec des carapaces vertes et brunes qui voudraient simuler de lointaines forêts et ne figurent qu'un affreux gaspillage de forces humaines.

Ici l'entonnoir s'élargit et l'herbe succède aux graviers ; et soudain nos fibres et nos pores obscurément se souviennent : des fleurs ! Tout un vallon de primevères comme de larges flaques de soleil brouillé, des anémones et des jacinthes des bois à profusion. À nos yeux noyés de pénombre qui ont perdu l'habitude de voir, la lumière semble artificielle par son intensité ; j'ai eu l'impression d'une douleur aiguë lorsque j'ai vu, pour la première fois, une tache violente qui saignait à l'horizon.

La baraque est là, démesurément grande et laide, entourée de barbelés où s'accrochent à pleines mains la verdure et les prés. Nous devrons vivre à trois mille dans cette baraque, au milieu d'une fraternelle pouillerie internationale où voisinent les jurons les plus colorés ; trois mille femmes couchées sur le sol sans pouvoir allonger ni bras ni jambes, entassées, empilées, meurtries ; chaque corps ne peut se satisfaire qu'en empiétant sur le corps d'autrui ; on couche sur des bouts de main, sur des bouts de pieds, en travers d'autres corps étalés... La nuit prend un aspect lugubre : on ne peut se lever dans l'obscurité sans piétiner toutes ces chairs humaines qui se lamentent, geignent et frappent ; les étrangères se montrent féroces et menacent de vous étriper. Lorsque je m'éveille parmi les plaintes et les injures, je me crois sur un champ de bataille.

Il n'y a pas de latrines... La cour est un espace putride où les sabots glissent et s'enfoncent ; l'odeur des excréments colle à nos corps et à nos vêtements fripés. Il est difficile de se laver : nous n'avons presque pas d'eau et les sentinelles sont là qui surveillent la toilette et ricanent. La nature sourit alentour : une nature exubérante de vie et de couleurs qui vous empoigne et vous grise ; en la contemplant on oublie le champ visuel immédiat, tous ces squelettes dévêtus qui se côtoient dans une pourriture sans nom, sous l'œil placide de la blockowa opulente, à faciès de grenouille, en train de faire l'amour sur un divan avec un soldat nazi.

Invraisemblable contraste ! Ce camp obscène parmi les primevères et les jacinthes a quelque chose de machiavélique ; le printemps pervers éclôt sur les cadavres et nous regardons, avec des yeux fous, ces corolles qui boivent le ciel, le ciel à ramures blanches où semblent se dessiner des ailes de tourterelles, le ciel qui hante nos délires et nous fait rêver aux blonds matins de chez nous.

À Mag

C'EST À TOI, ô Mag, que je songe ce soir ; sœur étrange avec tes yeux bridés et ton sourire de biais quelque peu énigmatique, je te revois à Ravensbrück sur ce grabat haut perché où nous faisions ménage ensemble depuis des mois de captivité. C'est un matin tout comme un autre, un de ces matins précocement vieux, comme anémié et sans consistance. Une fois de plus nous avons échappé au travail. Nous sommes assises l'une en face de l'autre, les couvertures ramenées sur nous ; je me plais ainsi à rêver que je suis en calèche sur un chemin de campagne ; il fait froid et le cheval n'avance pas vite ; tu rêves aussi sans doute…

Avais-tu, ô Mag, le pressentiment des jours à venir, lorsque tu t'absorbais dans de longues méditations, ne répondant que par monosyllabes à mes réflexions désordonnées ? Depuis le jour où tu avais été arrachée à tes enfants, il semblait que ton existence se fût suspendue. Tu nous faisais penser à une de ces horloges cassées, arrêtées sur l'heure immuable et qui ne veulent pas repartir ; tu restais cramponnée à ton passé désespérément, ô Mag la silencieuse, pendant ces lentes journées de désagrégation. Tu semblais ne pas comprendre notre exubérance à vivre, même à Ravensbrück, encore plus à Ravensbrück qu'ailleurs ; cette exubérance qui était pour nous la seule revanche possible. Nous faisions projets sur projets… « Quand nous serons libérées… » Tu en faisais un peu : il me semble encore t'entendre me dire : « Comme je voudrais sentir autour de mon cou les bras frais de Zette ou de

Jacques » ou bien : « J'ai rêvé que je rentrais mais mes enfants ne me reconnaissaient pas. »

Non ! Tu ne rentreras pas... Ils ne pourront pas en effet te reconnaître, le bombardement d'Amstetten ne t'a pas épargné ! Je revois ta robe de morte et l'écharpe rouge dont je t'avais fait cadeau, tous tes vêtements entassés pêle-mêle à côté du four crématoire. La nuit descend sur le camp et saigne derrière les barbelés ; je suis seule, je t'appelle, ô ma sœur, me répondras-tu ?

Aujourd'hui où fleurissent les marronniers couverts de cierges sur la terre amie retrouvée, alors que j'ai un peu honte de rentrer seule et que je me dis : « Pourquoi tant de prodigalités autour de moi, y ai-je droit ? », je pense à vous, ô mortes de la Résistance, à toi Mag surtout, si effacée dans ta robe de prisonnière, toi qui fis ton devoir de Française tout simplement comme il se doit, sans ostentation aucune. Celles-là seules sont héroïques qui ne le savent pas. Tu as bien mené la lutte jusqu'au bout : t'ont-ils assez frappée certaine nuit au Betrieb parce que tu refusais de travailler pour eux ! Je t'ai vue rentrer à l'aube, les traits tirés comme à l'ordinaire, un sourire un peu plus lassé sur les lèvres.

Ô ma sœur, voici que carillonnent les cloches qui annoncent la défaite allemande ! Voici que l'allégresse éclate au cœur des hommes et que se redressent soudain celles-là mêmes qui ont désespéré et pleuré,

ô toi qui n'as jamais désespéré,

ô toi qui n'as jamais pleuré.

L'avenir de la France est là, à portée de nos doigts fébriles : il faut se réjouir sans toi, il faut reprendre le sac sans toi, aller de l'avant sans toi, et te laisser dormir en paix dans le grand silence de tes rêves les plus secrets, veufs à jamais de leur réalisation.

Sauras-tu oublier, quand les matins candides
S'ouvriront à notre âme encor mal éveillée,
Trop lasse pour pouvoir vraiment s'émerveiller,
Sauras-tu oublier, ô mon ami, mon guide,
Ces marais condamnés de jaune puanteur
Ce camp glauque qui n'est qu'une énorme tumeur
Suppurant chaque jour un peu plus de mort lente,
Ces blocks pétrifiés en leur morne épouvante ?...

Sauras-tu oublier ces mortes qu'on bafoue,
Ces malades brimés et traînés dans la boue
Et cette Juive nue au corps supplicié ?
Penses-tu donc, ami, que l'on puisse oublier ?

Sauras-tu oublier cet enfant dans la nuit
Qui pleurait d'une voix poignante de faiblesse,
Ces départs déchirants de suprême détresse,
Et de ces jours sans fin le dissolvant ennui ?

Sauras-tu oublier cette folle au regard
Dilué, yeux rongés, visage pathétique,
Accroupie et riant d'un long rire hystérique
Dans un isolement farouche de brouillard ?

Voici qu'il se fait tard... Ne crois-tu pas entendre
Ces phtisiques sur des grabats, crachant le sang ?
Tout près des barbelés, lorsque la nuit descend,
Bave le crématoire en longs caillots de cendre.

Est-il vrai qu'il existe encor des aubes pures
Et des arbres en fleurs, arbres impondérables,
Qui neigent alentour leur blancheur adorable
Sur des horizons clairs ou tout craquants d'azur ?

Est-il vrai qu'il existe encor des aubes pures,
Des pays où l'on puisse rêver librement
Et s'en aller, parlant tout haut, à l'aventure,
Où la justice enfin supplée à la torture
Où l'esprit trouve en lui son accomplissement ?

Sauront-ils concevoir, tous ceux à qui tu penses
Ce qu'est la liberté que l'on vend aux enchères
Et ce qu'il y a en toi de ferveur en puissance
Pour ce nom magnétique imprimé dans tes chairs ?

Trébuchant sur les mots d'un élan hasardeux
Sans pouvoir retrouver leur sens initial,
Tu auras l'impression qu'ils te comprennent mal ;
Ils auront l'impression que tu t'éloignes d'eux.

Des croix, toujours des croix, je vois des croix qui
[dansent
Autour de moi, partout ; le ciel même est rayé.
Ô ciel ! Cesseras-tu enfin de me railler ?
S'il m'est donné un jour de revenir en France,
Esclave d'un passé trop lourd et trop intense,
Ne crois pas, mon ami, que je puisse oublier…

Glossaire

AMSTETTEN : ville autrichienne située entre Vienne et Linz.

BANDES-ROUGES : prisonnières désignées parmi les condamnées de droit commun pour faire la police à la place des SS, ainsi surnommées à cause du brassard rouge qu'elles portaient au bras.

BETRIEB : atelier.

BIBELFORSCHER : secte des objecteurs de conscience.

BLOCKS : blocks, baraquements en bois.

BLOCKOWA : mot polonais qui désignait la responsable du block.

GALERIE DES TABLEAUX : à l'extrémité de la Lagerstrasse se tenaient les gardiennes SS surveillant le défilé, ainsi que le commandant du camp.

Née à Saint-Étienne (Loire) d'une famille d'universitaire, Violette Maurice était la fille de Marianne et Robert Maurice, agrégé d'anglais, écrivain humaniste et poète.

Étudiante à Lyon, elle entre dans la Résistance à « l'Appel du 18 juin ». Elle a 21 ans quand elle fonde à Saint-Étienne, avec une petite équipe, le mouvement clandestin « 93 », puis le journal du même nom. Suspectée par la police de Vichy, elle adhère, à Lyon, début 1943, au réseau « Mithridate » où elle rencontre Jean Moulin qui lui donne la mission de regrouper les réseaux de résistance locaux.

Arrêtée avec son père, le 9 octobre 1943 par la gestapo, elle est incarcérée à la prison de Montluc puis dirigée sur le camp de concentration de Ravensbrück dans le block N. N. Elle y reste un an avant d'être déportée au camp de Mauthausen. Libérée par la Croix-Rouge Internationale le 22 avril 1945, elle reçoit en 1947, la médaille de la Résistance.

Tout au long de sa vie, outre ses activités professionnelles, Violette Maurice n'a cessé de rester fidèle à la promesse qu'elle avait faite à elle-même et à ses amies mortes dans les camps : « Témoigner devant le monde et la justice, car l'oubli est une complicité. »

Parce qu'elle avait connu l'enfant des « Camps de la mort » et que toute souffrance lui était insupportable, Violette Maurice se consacra durant des années au côté d'Alexis Danan aux « Comités de Vigilance pour la Protection de l'Enfance Malheureuse ». C'est en s'appuyant sur cette organisation qu'en 1960, en pleine guerre d'Algérie, elle parvint à sortir de la misère de nombreuses familles algériennes qui croupissaient dans des bidonvilles.

En même temps, elle se battait énergiquement contre le racisme et toute forme d'humiliation, veillant aux conditions de vie des détenus, en particulier celles des femmes dans les prisons.

Auprès des étudiants, lycéens ou collégiens, Violette Maurice a témoigné avec enthousiasme pendant plus de 40 ans, pour que la mémoire ne s'efface pas mais surtout pour éveiller la vigilance, car, disait-elle, « il y a encore d'étranges ombres qui se profilent sur les murs ».

Si la révolte était pour elle un devoir, l'hymne à la vie en était un autre. À travers ses nombreux écrits – réflexions, nouvelles, poésie – elle n'a cessé d'évoquer les souvenirs sombres du passé, mais surtout d'exalter la vie, la nature, le chant du Monde.

En 1989, Violette Maurice est promue Officier de la Légion d'Honneur au titre des Droits de la Femme.

Elle s'est éteinte le 21 novembre 2008 dans sa maison du « Chasseur d'Horizons ».

Table

p. 13 *Préface* de Marcel Conche
p. 19 *N. N.*
p. 27 Appel du matin
p. 31 Histoire macabre
p. 35 Au pays des enfants sages
p. 39 Verfubgar
p. 45 Ouvrages de dames
ou l'utilisation des compétences
p. 51 « Bibelforscher »
p. 57 Les affres de la faim
p. 65 Marchands d'esclaves
p. 69 À Marie
p. 77 Destination inconnue
p. 83 Cimetière d'Amstetten
p. 89 Printemps à Mauthausen
p. 95 À Mag
p. 99 *Sauras-tu oublier [...]*
p. 103 Glossaire
p. 105 Biographie

Achevé d'imprimer en octobre 2009
sur les presses de l'imprimerie Chirat
(42540 St-Just-la-Pendue), N° 200908.0204
pour le compte des Éditions les Belles Lettres,
collection « encre marine »
selon une maquette fournie par leurs soins.
Dépôt légal : octobre 2009
ISBN : 978-2-35088-019-8